Heidy Keist / Nur heiter geht's weiter !

Heidy Keist

Nur heiter geht's weiter !

Heitere und besinnliche Gedichte

**Sprachen:
Mundart (Dialekt Stadt Luzern) und Hochdeutsch**

Impressum

Heidy Keist
Nur heiter geht's weiter!

Luzern 2002

Alle Rechte liegen bei der Autorin. Die Verbreitung in jeglicher Form und Technik, auch auszugsweise, nur mit schriftlicher Genehmigung der Autorin.

Umschlaggestaltung und Layout:
Roland Keist, Luzern

Herstellung: Books on Demand (Schweiz) GmbH

ISBN 3-0344-0151-5

Vorwort 10
Hinweis zur Schreibweise der Mundart-Gedichte 11
Das Glück 13
Rosenzauber 14
S' Bärgbächli 15
De Föhnschtorm 16
A ne Gliebti – (Schtadt) 17
Es Könschtlerlob 18
Luzerns Herz blutet 19
Die Feuerspinnen von der Kapellbrücke 20
D' Bahnhofatmosphäre 21
De Handyboom 22
Anklage an Petrus 23
Balsam für die Seele 24
D' Miss Black and White 25
Chatzejommer 26
Es Lob för s'Radio Pilatus 27
Üse goldig Humor 28
S' Wöschchochigschtörm 29
De Kafignoss 30
Üsi modern Schproch 31
D'Schattesite vo de Potzerei 32
S' Täschli 33
De Hätti, de Wetti ond de Sötti 34
E Schöne 35
Erholung in der Blechlawine 36
D' Arena 37
Üsi Zyt 38
Gedanken zur Nacht 39
Onwörter 40
Hilfeschrei vom Wald 41
S' Bluemegärtli 42
Das Fuchsiaparadies 43
Abschied vom Winter 45
Bienensummen 46
S Lisi Mafiosi 47
Frühlingsrausch 48
Das blaue Wunder 49
Wenter ade 50

7

Fingerhut – Gasthaus der Bienen	51
Kunstwerk Passionsblume	52
Sommermorgen am Meer	53
Alphornromantik	54
Schpootherbschtzyt	55
Wenterzauber	56
Das Vogelhäuschen	57
S' Cherzeliecht	58
Es gmüetlechs Jässli im Altersheim	59
Christbaumwunder	60
Ein neues Jahr	61
Es folgen Beispiele für private Gedichte	62
En Eiertipp zor Hochzyt	63
Menükarte Schwiizerchochi	64

Vorwort

Liebe Leserinnen und Leser,

es freut mich ausserordentlich, dass ich mit diesem Büchlein einen Teil meines Gedichteschatzes einer breiten Öffentlichkeit zugänglich machen kann.
Am allerliebsten schreibe ich meine Gedichte in freier Natur, einfach überall wo es am schönsten ist.
Zum Beispiel auf dem Stanserhorn, am See aber auch im Garten zwischen unzähligen Blumenstöcken. Das Titelbild zeigt übrigens die Aussicht auf meine geliebten Blumen aus dem Küchenfenster – ein verstecktes Paradies!

Inspirieren lasse ich mich beim Beobachten von Menschen, Tieren und Pflanzen. Packt mich so ein Gedanke, dann lässt er mich nicht mehr los, bis ich ihn auf's Papier gebracht habe.
Ich lebe in Luzern und liebe diese Stadt sehr. Darum sind in diesem Büchlein auch ein paar Gedichte über diese Stadt enthalten.
Zahlreiche Gedichte wurden schon in Zeitungen veröffentlicht. Die Gedichte sind sowohl in Schriftdeutsch als auch im Luzerner Dialekt verfasst.

Persönliche Gedichte

Sehr gerne schreibe ich aber auch private Gedichte für diverse Anlässe. So sind auch zwei Beispiele in diesem Büchlein aufgeführt: „En Eiertip zor Hochzyt" oder „Schwiizer Chochi" (Menükarte für ein bekanntes Restaurant in der Zentralschweiz).
Vor allem mit Humor gespickte Sachen liegen mir sehr, denn:

„ Nur heiter geht's weiter!"

Im Herbst 2002
Heidy Keist

Hinweis zur Schreibweise der Mundart-Gedichte

Bei der Schreibweise der Mundart-Gedichte wurde auf gute Lesbarkeit geachtet.
Die Autorin hat ausserdem von Ihrer künstlerischen Freiheit Gebrauch gemacht, damit die Gedichte auch optisch besser wirken.

Das Glück

Das Glück ist ein gar weit' Begriff,
mal zeigt's sich dort, mal hier.
Man hat es nie so ganz im Griff,
jagt man es auch mit Gier.

Es zeigt sich auf so manche Art,
wohl auch in jeder Lage.
Mal ist's ein Blümlein, schön und zart,
mal herbstlich gold'ne Tage.

Es sitzt auf einem Baum und singt,
mal ist's ein Kinderlachen.
Es zeigt sich gar so unbezwingt,
in tausend kleine Sachen.

Es will, dass man es sieht,
s'kehrt ein in fröhlich' Herzen.
Pack's an, bevor es weiterzieht,
träum' ihm nicht nach, voll Schmerzen!

Rosenzauber

Guten Morgen, nun bist auch du erwacht,
du Königin der Blumenpracht.
Mit frischem Tau hat dich der junge Tag benetzt,
die schönsten Glitzerperlen hat er dir auf's edle Haupt gesetzt.

Seit eh und je wirst du besungen und verehrt,
besonders bei Verliebten bist du sehr begehrt.
Mal schlank und rank, mal voll und rund,
süss duftend und so herrlich bunt.

Oh, zarte Rose, ich liebe dich von ganzem Herzen,
auch wenn deine Dornen noch so schmerzen!

S' Bärgbächli

Vergnüegt höpft äs im Täli zue,
verbi a schtrotzige Fechte.
Be Tag ond Nacht könnt äs kei Rue,
s'weiss z'plodere ond z'brechte.

Gebore esch's am Gletschertor,
wiit obe be de Ferne.
Es hed e länge Wäg no vor,
ond zeigt de Gwetter d'Schterne.

De gompet's, wütet's, s'esch e Gruus,
s'risst Felsebröcke ab.
Im Bärgbuur raubt äs gar de Pfuus,
ond s'Bachbett werd em z'knapp.

Of einisch esch es weder zahm,
s'nemmt sini alte Ränkli.
S'mahnt eim as Läbe, s'good nüd noch Plan,
mängisch esch es fredlech, ond ab ond zue bedänkli.

De Föhnschtorm

E schwarzi Wolkewand zied uuf,
es food jetz afo chuute.
E Chopf hesch gar, als hämmerit's eim druuf,
of de Schtross ghörsch nüd als tuute.

Es liid hald öppis i de Loft,
was bruucht mer jo ned z'sääge.
Es esch bemeid kei Früeligsdoft,
de Föhn chond dehär z'fääge.

Sogar Dächer risst är eifach fort,
dä Gsell könnt keini Gränze.
D'Wälle peitschid öber's Bort
ond d'Bäum tued är usschränze.

D'Sonne schiint jetz schtächig heiss
ond d'Wolke send verfloge.
Hesch glühegi Bagge, s'triibt der de Schweiss,
vom Schaffe esch es ned, s'wär gloge.

Är brengt üs hald vel Ärger met,
me tued ne schlächt verträäge.
Doch hättid mier dä Kärli ned,
de gäb's doch vel me Rääge.

A ne Gliebti — (Schtadt)

Du besch vo sonere Schönheit ond Amuet,
die Ableck tued eim rechtig guet.
Dis Gsecht esch zwar scho uralt,
deför vo ganz bsonderer Velfalt.

Chom ech zo dier a See amene schöne Morge,
vergess ech all die böse Sorge.
D'Schtrossemusikante i allne Rasse,
die ziend vergnüegt dör dini Gasse.

Si tüend dier schöni Schtändli brenge
ond lönd dezue eri Inschtrumänt erklenge.
Besch wältbekannt met dim Torm im Wasser und dine alte Brogge,
wo d'Schpenne fönd eri Mogge.

S'bewonderet dech alls vo nah ond färn,
alli hend dech bsonders gärn.
E säg wer besch ?
Besch doch Lozärn !

Es Könschtlerlob

Z' Lozärn am Schwaneplatz bliibsch eifach schtoo,
do schtunsch chasch chum me wiitergoo.
Was do so gmolet werd met vel Talänt,
eifach a Bode of Zemänt.

Si chnöilid do met farbige Chriide,
so agschträngt – die müend secher liide.
Näbe sech, do hend's en alte Huet.
„Tüend au öppis dri, das ged weder Muet!"

Do gsesch Posuneängeli met rosige Gsechtli,
es esch e Pronk, es wohrs Gedechtli.
D'Mona-Lisa lächlet eim entgäge,
so ächt, als wett si öppis säge.

Gönd, luegid, morn esch es vilecht scho z'schpoot,
s'chond ganz drofab was s'Wätter wott.
Petrus, tue die Wonderwärk no ned begiesse,
mier wettid si vel länger gniesse!

Luzerns Herz blutet
Die Kapellbrücke brannte am 18. August 1993.

Es bricht uns fast entzwei das Herz
beim Anblick unserer Brücke.
Es ist ein seelisch' grausam Schmerz,
Luzerns Gesicht hat eine Lücke.

Schweigsam bleiben Leute steh'n,
es herrscht gar Todesschauer.
Unfassbar - was gescheh'n,
die Stadt, sie ist in grösster Trauer!

Kärglich steht die Brücke noch
verkohlt vom wilden Feuer.
Die meisten Teile fehlen doch,
verschlungen von dem Ungeheuer.

Nun — s'bleibt noch der Wasserturm:
ein kleiner Hoffnungsschimmer.
Doch unsere Köpfe sind ganz sturm.
Die alte Kapellbrücke ist tot — und das für immer!

Die Feuerspinnen von der Kapellbrücke

Nach dem Kapellbrückenbrand machten Gerüchte die Runde, ob wohl die Spinnen den Brand irgendwie auslösten. (Dies ist kein Scherz ….)

Spinnlein, was hast du dir wohl dabei gedacht,
als du den Holzstaub in Bewegung hast gebracht,
und so Stoff für das Feuer hast gemacht?

Nun bist du von den Menschen angeklagt,
versteck dich, sonst machen sie auf dich Jagd!
Sie bewahren dir gegenüber gar keinen Takt.

Versuch's mal auf der Spreuerbrücke, wär's dort nicht auch toll?
Aber mach dort bitte nicht die Netze des Staubes voll,
sonst bezahlst du auch dort einen allzuhohen Brückenzoll.

D' Bahnhofatmosphäre

De Bahnhof esch en Ort vo Emozione,
s'Lache ond d'Truur send ganz nöch binenand.
Dem Triibe zue z'luege tued sech lohne,
a Lüüte trefft sech do so allerhand.

Me tued do warte, plange, renne,
zwöschetine luegt mer ganz närvös of d'Uhr.
Im Wartsaal gsesch e Gloschar penne,
är nemmt sis Läbe of di ruhigi Tuur.

S'esch scho nes bsonders gschäftigs Läbe
onder some Bahnhofdach.
S'ged gfreuti Akönft ond anderi wartid hald vergäbe,
ond d'Gfühl, die röttlid mänge wach.

De Handyboom

Seig's of de Schtross oder im Bus,
öberall gsesch Handy.
Das Gschäft met dem chliine Deng
boomet ond nemmt e keis Ändi.

S' lüütet ond lüütet i allne Tonarte,
of em Balkon ond au im Garte.
Emmer ond öberall erreichbar z'si, das seig schiins mega geil,
ond d'Telefonrächnig schtigt zemmli schteil.

Es wär doch super, wenn mer das Deng
met Verschtand wörd verwände.
Me chönnt sech beherrsche
ond mängi Nochrecht onder vier Auge sände.

Wie wär's vilecht be me feine Ässe ?
S'esch doch gmüetlecher ond choschtet
letschten Änds secher weniger,
s'esch ned z'vergässe.

Anklage an Petrus

Ach Petrus, was bist du für ein Lausebengel,
kannst froh sein bin ich nicht dein Engel!
Was ist das für ein Hundewetter,
da kriegt man ja den Seelenschmetter.

Ja, Petrus, sowas nennt man doch labil,
das Wetter ist so unstabil.
Wir brauchen doch den Sonnenstrahl,
wir möchten braun sein, nicht so fahl.

Des Sommers Freuden möchten wir geniessen,
dies tust du uns gar sehr verdriessen.
Pass auf Petrus, wenn das so weitergeht,
bald ein Computer in deinem Büro steht!

Balsam für die Seele

Was wäre diese Welt wohl ohne Musik und ohne Düfte,
so unsagbar öde und gar leer !
Zarter Frühlingsduft durchtränkt die Lüfte
und muntere Vogelstimmen erheitern uns so sehr.

Gibt's auf der Welt auch tausend Sorgen,
die bunte Blumenpracht blüht immer wieder auf.
Nach jeder dunklen Nacht folgt auch der Morgen,
Licht und Schatten nehmen ihren Lauf.

D' Miss Black and White

Das esch üses eigewellige Mizi,
eimol esch si e gschmeidegi Chatzedame,
s'andermol e verschpelte Schtrizi.

Schiinheilig schtrielet si döre Garte,
ond d'Vögu ond d'Müüs hend nüd Guets z'erwarte.
E Verehrer hed si au, dä jaulet z'Nacht gar gruusig,
är macht original Chatzemuusig.
Si kömmeret sech e Dräck, s'esch oberluusig!

Rivale ged's i dem Revier, a de Zahl send's öppe vier.
Mängisch hed si echli de Grössewahn,
dä hed si bem Kämpfe koschtet ei Baggezahn.

Schtreichle darf mer si nor wenn's ere tued passe,
die Ometöplerei tued die Chatzedame hasse.
Si esch schtolz ond weiss ganz genau Bescheid,
dass si zo dem Huus ghört
wie d'Abwarti met em Tegerchleid.

Chatzejommer
Das wörd üses Büsi schriibe ...

Miau, Miau,
was ben ech för'ne armi Chatzefrau!
E gemeine Kater wohnt im Nochberhuus,
das esch e falsche Glönggi, s'esch e Gruus!

Öberall, hender de Bluemeschtöck ond au im Garte
tued dä schtondelang of mech luure ond warte.
Jo, ech ha werklech nüd z'lache
wenn ech mues go Gassi mache.

Dä Röpputeger esch de scho am Morge am füfi
i üsere Wohnig ometäbelet,
schaad han ech dem ned de Grend verchräbelet.
Mini Nase hed är mier gruusig trischaaget,
ech ha rüüdig gjaulet ond gaaget.

Mängisch tued mini Schefin dem Lompefich Wasser arüere,
eso omöglech fräch tued dä Lömu sech uffüere.
Öbrigens mini Schefin, die tuen ech öppedie tirannisiere,
aber söscht tued üses Verhältnis tierisch guet harmoniere.

Es Lob för s'Radio Pilatus

Radio Pilatus, hesch dini Schwellenangscht längscht öberwonde,
de rechtig Rhythmus hesch du gfonde.
Ghörsch zo Lozärn grad wie de Wassertorm,
üsi Härze hesch eroberet im Schtorm.

Du tuesch üs onderhalte so beschwengt,
hesch di ganz wacker döregrengt.
Oni dech cha mer sech's gar nömme vorschtelle,
besch genau das wo mier hend welle.

Wott mer wösse wo öppis lauft,
oder wo mer schöni Sache chauft -
De schalt s'Radio Pilatus i,
de weisch Bscheid, de besch debi.

Esch der öppe s'Vögeli devogfloge?
Do helft s'Radio Pilatus – das esch ned gloge.
Jetz wemmer nömme lang schtodiere,
üsem Radio cha mer nor gratuliere!

Üse goldig Humor

Wörd's doch de Humor ned gää,
was wär das för nes Läbe !
Me cha au alles z'ernst nää,
de Ärger esch vergäbe.

Üses Gmüet brucht doch e Schönheitskuur,
am beschte esch es Lache.
Werom denn au so schtuur,
s'ged so vel glatti Sache.

S'esch wie ne chlini Sinfonie:
Es brucht e keini Note.
Das Ha-Ha-Ha und Hi-Hi-Hi,
üeb's doch, s'esch jedem z'roote.

Mängisch chönnt's eim scho vergoo,
i choleschwarze Tage.
Doch mues hald s'Läbe wiitergoo,
mier dörfid ned verzage.

Drom schriib der's hender s'Ohr,
muesch meh wetzle ond meh lache.
Schparsch der e huufe graui Hoor
ond au Kosmetiksache.

S' Wöschchochigschtörm

S' Wöschchochigschtörm das en alti Sach,
es treid sech zue onder gar mängem Dach.
Die eint, die wett gärn e chli öfter wäsche,
die ander meint, das seig e frächi Täsche.

Es wird gschompfe, ghächlet ond gschtöhnet,
am Obe werd das Leid im Maa no klöhnet.
So ne Wöschchochi tued mängere Frau s'Läbe ned versüesse,
wochelang tüend si enand nömme grüesse.

Die eint potzt d'Wöschchochi dass es nor so tued bletze,
die nöchscht, die tued's hald gärn verschwetze.
Me seid es mönschelet hald öberall,
doch werom macht mer enand s'Läbe so zor Qual?

Jedi meint si seg im Rächt,
e mol es Aug zuedröcke wär ned schlächt.

De Kafignoss

I aller Früe schtriicht dä verfüererisch Doft om d'Egge.
Kämpfisch met em Schlof ond chasch chuum überlegge.

Scho hocksch vor sonere Tasse vo dem goldige Sääge.
Jo, so nes Tässäli Kafi chond eim rechtig glääge.

Die Wonderbrüe ged Läbesfreud ond behebt de Kater.
E Kafiklatsch schpart mänge Gang zom Psychiater.

S'esch wie Medizin, es Kafipöisali bem Chrampfe.
Me lood die Wonderbrüe gnösslech i d'Nase dampfe.

Üsi modern Schproch

Be üsere Schproch chond mer jo nömme druus,
die ältere Lüüt macht das bald konfuus.
Dä neui Trend tued üses Ländli öberrolle,
ond of de Schtockzänd mues mer schmolle.

Im Reschterand rüeft mer jetz ganz breit:
„Frölein, bitte es Coci-Light!"
Au trenkt mer en Melch-Shake,
ond äs20 tued mer nor no Steak.

Hött schafft mer nömm, me tued jetz jobbe,
au s'Schprenge esch verbi, jetz heisst das jogge.
Me wönscht enand es schöns Weekend,
ond e ganz e schöne Schloss, das es Happy-End.

S' Radio sändet anenand
im Discosound so allerhand.
Go poschte gosch is Shopping,
bim Coiffeur kreierid's en irre Brushing.

Chaufsch es feins Wässerli zom Rasiere:
„After-Shave", tued di d'Verchäuferi korrigiere.
Bald brucht's es „New-Wörterbuech" för i Täsche,
sösch chonsch nömme druus, de besch e Fläsche.

D'Schattesite vo de Potzerei

Veli Gägeschtänd gönd dör z'vel potze kapott.
Emmerhin esch es besser, me potzt öppis ,
als es potzt öppis.

Bsonders schlemm esch es, wenn öpper sozäge ned potzt esch.
Wenn's öpperem eis potzt, ond es potzt ne drufabe,
de esch är för d'Ewigkeit potzt ond gschtrählt.

S' Täschli

De Frau ere schtändig Begleiter,
oh nei, s'esch gwöss ned de Maa !
Das Deng esch schwarz, oder farbig heiter,
för's Theater heds vilecht es Mäschli draa.

Eini treid's gärn elegant ond chlii,
de andere tued's nor praktisch passe.
Emmer ond öberall esch es debii,
hed sis verleid esch es nömme z'gschpasse.

Ghüetet werd das Heiligtom,
es enthaltet chlini Choschtbarkeite.
Mängisch hed sis gföllt, si lauft fascht chromm,
be Verlägeheit tued's zom Noosche drenn verleite.

Es Täschli ghört doch zo de Frau,
do ged's kei Diskussione.
Was drenn esch, weiss nor si genau,
Neugier tued sech do ned lohne.

De Hätti, de Wetti ond de Sötti

Treffsch en Entscheidig, de luegt der de ufsässig Hätti scho of d'Fenger.
De Wetti, dä esch no vel de schlemmer.

Dänksch a d'Schtüürerklärig, hockt der de ecklig Sötti schtarr im Näcke,
jo s'esch gwöss keis Zockerschläcke.

Die drei komplizierte Gselle sött mer e chli miide —
Me müesst im Läbe vel weniger liide!

E Schöne …

E Schöne do, e Schöne det,
e Schöne tönt's us allne Egge.
„Was e Schöne?", tuen ech mer öberlegge.
„E schöne Tag!", esch das so schträng,
send drü Wörtli werkli z läng?

Erholung in der Blechlawine

Ostertage – welche Wonne,
mancher stand in der Kolonne.
Wer in den Süden reiste war wohl „in",
welch' Genuss im Staue drin!

Der Mensch, er ist ein armer Schuft,
quält sich mit der Auspuffluft.
Herrlich war auch hier das Wetter,
im Schritt-Tempo Autofahren scheint wohl netter.

Nennt man so was wohl Erholung,
die Umwelt liefert die Belohnung.
Wird denn niemand bald gescheiter,
der Mensch, er bastelt immer weiter.

Nun – die Ostertage sind vorbei,
an Pfingsten wird's wohl einerlei.
Die Luft, sie stinkt noch etwas mehr,
Tessin und Uri danken sehr.

D' Arena

Veli redid dörenand ond s'werd enand s'Wort abgschnette.
Füürig werd diskutiert ond ab ond zue au gschtrette.
S'ged gögguroti Chöpf ond ängi Chräge.
Alli wend rächt ha und niemer werd verläge.

Beträff Buurefruscht, Transitgschtörm ond au wäg de Chrankekasse,
es ged do no einiges uuszjasse.
Jedi Partei wott üs de Schmuus brenge,
dene z'glaube, das wott üs nömme so rechtig glenge.

Üsi Zyt

Of liise Sole chond si z'schliiche,
mängisch wott si ned verschtriiche.
I schöne Schtonde rennt si eim devoo,
aber niemols bliibt si eifach schtoo.

Si lood sech ned lo chaufe,
emmer tued si wiiterlaufe.
Us Monete macht si Jöhrli,
si brengt üs die erschte graue Höörli.

Jede vo üs hed e Teil devo öberchoo,
was är druus macht, esch em öberloo.
Drom söll mer nie vergässe,
för jede esch die Zyt bemässe.

Gedanken zur Nacht

Heimlich geht der Mond schon auf
und wirft die ersten Schatten.
Die Nacht nimmt langsam ihren Lauf
und lässt Frau Sonne warten.

Die Strassen werden immer leerer,
die Augendeckel immer schwerer.
So mancher sinkt ins weiche Kissen,
erforscht vielleicht gar sein Gewissen.

Hab' ich heut' wohl recht gehandelt,
hab' ich jemand schlecht behandelt?
So viele Gedanken geh'n jetzt wandern —
zu den nächsten und vielen andern.

Dann kommen die Träume und
bringen dich ganz schön ins Schwitzen:
Mal lassen sie dich im Nachthemd
auf der Strasse sitzen.

Die Träume kennen weder Rast noch Ruh'
in ihrem Banne halten sie dich immmerzu.
Sie können dich auch in Hochstimmung bringen,
so, dass du am Morgen danach könntest singen.

Onwörter

Fusioniere, globalisiere,
das esch längscht de grossi Hit.
Expandiere, omschtrukturiere,
d'Firmene schparid sech so fit.

Es Schreckensgschpänscht tued sech verbreite,
s'veronsecheret die ganzi Arbetswält.
Das tued zom Schpare me verleite,
mier bangid om das gueti Gäld.

Mier sehnid üs noch sechere Zyte,
dass es au met de Wertschaft tued obsi goo.
Voll Zueversecht tüend mier dere Zuekonft entgägeschriite,
s'positive Dänke söll eim schiin's nie verloo.

Hilfeschrei vom Wald

Oh, bitte helft mir doch, ich liege im Sterben!
Das giftige Abgas bringt mich noch ganz zum Verderben.
Immer mehr Strassen plant ihr, das heisst mehr Verkehr:
So soll ich genesen, dies fällt mir sehr schwer!

Gar viele von euch trifft diese Schuld.
Mich zu kurieren, das braucht viel Geduld.
Ich bin aus Gehölz, doch möcht' auch ich leben.
Ob es für mich eine Chance wird geben?

Für Körper und Geist findet ihr bei mir die nötige Erholung;
So dankt ihr's mir, mit einer solchen Belohnung.
Gibt's mich nicht mehr, so wird das für euch böse enden.
Fünf vor zwölf ist's und keine Zeit mehr zu verschwenden.

S' Bluemegärtli

Wie cha mer sech am Gärtli freue,
me sammlet sech, s'ged neui Chraft,
ond d'Arbet drenn söll eim ned reue,
d'Blueme dankid's eim met erer Pracht.

Gedold, das mues mer au treniere,
es wachst ned alles wi mier wend,
me mues de au no chli schtodiere,
ond s'brucht dezue zwe gscheckti Händ.

Zerscht tued mer säie, plange, warte,
bes s'erschte Pflänzli vöre chond,
schtolz esch mer of di sälberzogne Arte,
me hed dezue au alle Grond.

E so ne bonte Bluemegarte
esch doch e Seeletherapie,
dröckt di de Schue, de tue chli warte,
gang doch am Gärtli ned verbi.

Das Fuchsiaparadies

In Habkern im Berner Oberland,
weit ab von Lärm, in Stille.
Da pflanzt ein Mensch mit viel Verstand,
eine wahre Fuchsia-Idylle.

Sie braucht dazu gar viel Geschick,
zwei unendlich fleissige Hände.
Dem Fuchsiaverehrer verrät sie manch' guten Trick,
sie düftelt und sie hegt wohl ohne Ende.

Hier zieht sie ihre Blumenkinder gross,
in mannigfachen Arten.
Mit Namen kennt sie jeden Spross,
in ihrem Wunder-Fuchsiagarten.

Dort dreht ein lilla-rosa Röcklein sich im Wind,
es ist die schöne Caroleine.
S'ist wohl der Gärtnerin ihr Lieblingskind,
diese Zarte, Hübsche, Feine.

Annabele, das süsse Ding
wiegt sich im weiss-rosa Kleide.
Auf den ersten Blick ich Feuer für sie fing,
in Zartheit ist sie eine Augenweide.

Da ist der Kerl im weiss-violett-üppigen Gewande,
so tut er in der Sonne schimmern.
„ Wer ist wohl der Schönste im Fuchsialande?"
Joe Kusper lässt die vollen Glocken bimmeln.

Zackenblüten funkeln rot
wie abertausend Sterne.
Ein wahrhaft träumerischer Ort,
von dem ich nur noch schwärme.

Abschied vom Winter

Da schaut, der Winter nimmt jetzt seinen Hut,
doch fehlt's ihm einfach noch an Mut.
Trotzig bleibt er nochmals stehen:
„Ich soll wirklich jetzt schon gehen?".

Noch einmal tut er seine Fäuste ballen,
und lässt ein letztes Mal die Flocken fallen.
„Geh nur, du alter Wintersmann,
damit der Frühling Einzug halten kann!"

Lieblich gucken längst die Schneeglöcklein.
Stolz schwingen sie im Wind ihre weissen Röcklein.
Dazu zwitschern munter die Vögel ihre Lieder,
all das lässt uns hoffen: Der Frühling kommt wieder.

Bienensummen

Was hört man da?... Ein leises Brummen,
über Blumenwiesen weg tut's summen.
Das Bienlein ist's, s'tut Blüten jetzt vernaschen,
um gelbe Stäubchen zu erhaschen.

Schon fliegt's weg, ist das ein emsig Treiben,
s'hat keine Zeit um lange zu verbleiben.
Mit seiner Fracht kehrt's dann ins Bienenhaus,
edlen Honig gibt's daraus.

Droht Grippe, sei auf der Hut,
ein Löffel Honig dann tut gut.
Fühlst du dich schwach und ausgelaugt,
ein Löffel Honig dich aufbaut.

Siehst Du ein Bienlein
im Blütenkelch verborgen,
denk dran: Jetzt tut's für's
Wohl der Menschen sorgen!

S Lisi Mafiosi

Ech be z'Lozärn so döre Märt gschländeret,
vo Schtand zo Schtand.
Was das för Bluemenäme ged,
s'esch allerhand.

Do esch mir es härzigs gälbs Blüemli ufgfalle,
öppis wie „Lisi Mafia" han ech ghört lalle.
Ech säge: „Gänd si mier bitte au es sones Lisi Mafia!".
D' Verchäuferi luegt mech komisch a.

Si tued echli schtodiere:
„Lisi Machia", tued si mech korrigiere.
Die gälbi Gfahr „Mafiosi"
verbreitet sech jetz henderem Huus - ganz grandiosi.

Frühlingsrausch

Betörend süss tränkst du die Lüfte,
lau rauscht im Baum der Wind.
Zart grüne Wiesen, Blumendüfte,
oh Frühling, wie begeistert wir doch sind !

Im Busch voll Übermut die Vöglein trillern,
gelb beladene Bienen summen rings umher.
Auf Blütenkelchen Schmetterlinge schillern,
wem ist da ums Herz noch schwer ?

Nun kommt die Zeit vom Draussenweilen,
Stubenhocken ist tabu.
Kinder lachen, spielen, eilen,
die Putzfee kommt jetzt kaum zur Ruh.

Frühling, du existierst schon längst in meinen Träumen,
nun endlich, endlich bist du da !
Mein Herz, es will fast überschäumen,
noch weiss ich nicht wie mir geschah.

Das blaue Wunder

Hinter'm Busch da blüht ein Veilchen,
so lieblich duftend und so zart.
Bis man es sieht, da dauert's wohl ein Weilchen,
denn sich zu präsentieren ist nicht seine Art.

Es versteckt sich gerne hinter hohen Pflanzen,
und fühlt sich im Verborgenen so gut.
Da lässt es seine süssen Blüten tanzen,
und macht uns Menschen frohgemut.

Wenter ade ...

Los Wenter, hesch glii nüd meh z'bschtelle,
ongedoldig wartet de Früelig a de Schwelle.
Die erschte Blueme tüend scho eri Chöpfli schtrecke,
chasch si nömme lang onder dim wisse Gwand verschtecke.

No losch üs om d'Nase sause e chüeli Loft,
mier tröimid scho vo lauem Früeligsdoft.
Au d'Wenterchleider hemmer langsam satt,
plange tüemer, bes dosse grüenet, Blatt für Blatt.

Besch alt ond müed, e geb's doch zue,
gang bald i dini wohlverdienti Rue,
so dass d'Natur vo neuem cha erwache.
Liecht werd's eim om's Härz, s'esch eim om's Lache.

Fingerhut — Gasthaus der Bienen

Was neigt sich da so sanft im Wind —
ein Stengel voller Hüte.
Es ist wohl des Sommers Lieblingskind,
dieses Bienengasthaus erster Güte.

Da surrt und summt es ein und aus,
hier gibt's ein Trunk ganz edel.
Ein wahrer Sonntags-Bienenschmaus
geniesst Herr Hummel und sein Mädel.

Des Hütchens Inneres mit Häärchen wohl versehen,
Familie Biene sich dran haltet.
So eine Einrichtung — kaum zu verstehen,
wie die Natur so waltet!

Nun tanzt, tanzet weiter ihr Hütchentürme,
wiegt euch im Sommerwinde!
Zwischen Blumengenossen, stolz ragend,
ich euch immerzu finde.

Kunstwerk Passionsblume

Da kann man ein Wunder erleben,
wenn sie nur für einen Tag ihr Geschmeide tut erheben.

Sie trägt ein Unterröcklein aus hell- und dunkelgrünen Spitzen.
Darüber ein schwarz-weiss-blaues Rädel tut sitzen.

Obendrauf erhebt sich eine kleine Windmühle.
Beim Anblick dieser Blume ich mich so verblüfft fühle.

Zu schön findet sie sich um lange zu blüh'n.
Darum wird sie sich nur einen einzigen Tag bemüh'n.

Sie lehrt uns, sich am heutigen Tag zu erfreuen.
Nimm dir Zeit, schau sie an, sonst wird es dich morgen reuen!

Sommermorgen am Meer

Noch ruhig ist's um mich herum,
nur Grillen hört man zirpen.
So schlendre ich am Meer, ganz stumm,
und sitze auf den Klippen.

Sanft plätschern die Wellen,
zerschellen am Stein.
Der Wind zupft die Haare,
ganz zärtlich und fein.

Wie lieb ich den temperamentvollen Süden,
den Wein voller Glut.
Das feurige Klima, nicht zum Ermüden,
hier schöpfe ich Lebensfreude und Mut.

Alphornromantik

Vo de Flueh här tued es Alphorn schalle,
a de schteile Wand ghörsch es wederhalle.
S'tönt so klar ond luut,
mer öberchond diräkt e Hüenerhuut.

Wie nes Dankgebät tönt's em Hemmel zue,
langsam leid de Tag sech jetz zor Rue.
Das Horn, das esch us purem Holz,
jede Schwiizer esch druf schtolz.

So nes Horn z'bloose brucht e schtarchi Longe,
gar mänge hed's probiert, s'esch em ned glonge.
Es Trachtemandli met em Alphorn i de Hand,
das esch gueti Reklame för üses liebi Schwiizerland.

Schpootherbschtzyt

De Herbscht tued langsam sini Farbepracht verlüüre,
de Wend risst d'Blätter jetz vom Baum.
Am Morge tued's scho öppe gfrüüre,
verbi esch bald dä bonti Traum.

D'Graani send vom Fenschter gruumet
ond d'Gartebettli zemmli läär.
I de Fässere de Moscht jetz schuumet
ond d'Näbu schliichid füecht und schwäär.

Metzgete ged's i velne Beizli,
dezue ged's feini Öpfuschnetz,
Bluet- ond Läberwörscht met Zwebeleschweitzi,
vom Schpäck ged's au no grad e Betz.

Gsöchti fahrt eim au i d'Gleder,
de Pfnösu hesch au echli meh.
Es Glöck: I paar Mönet chond de Früelig weder,
aber zerscht ged's dänk de nochli Schnee.

Wenterzauber

S' gäb kei rächte Wenter,
hend d'Lüüt gseid.
Jetz esch är aber choo
wiit ond breit, gwöss bemeid.

S' esch Zyt vo de rote Nase
ond de ufegletzte Chrääge.
„Puuh ... die Chälti!",
me mag si chum verträäge.

Prächtigi Isblueme hed dä
Gsell a d'Fenschter gmacht,
onzähligi Sorte i einere Nacht,
si schemmerid i schönschter Pracht.

Är meislet Konschtschtöck
öberall i d'Natuur,
hänkt Iszäpfe uf
a einere Duur.

So vel Schön's macht
eim jo ganz verlääge,
ond helft eim d'Chälti
doch z'verträäge.

Das Vogelhäuschen

Am Kirschbaum hängt ein Häuschen,
an einem knorrigen Ast.
Still lauernd wie ein Mäuschen,
bewundere ich Gast für Gast.

Es kommen Fink und Meise,
die Amsel auch nicht fehlt.
Der freche Spatz nicht leise
sich auch noch was erstiehlt.

Ich könnt' noch lang beäugen,
dies' Schauspiel der Natur.
Möcht' hier die Zeit vergeuden,
vergessen ist die Uhr.

Es dauert gar nicht lange,
bald wird es Frühling sein.
Die Vögel dankend mit Gesange,
in Häuschen's Nähe weil'n.

S' Cherzeliecht

Es Cherzeliecht so hell ond klar
symbolisiert d'Liebi wonderbar.
Sött's i de Ehe einisch fonkle ond flattere,
de tüend euch echli Zyt ergattere.

Emmer z'schtriite, das tued ned vel tauge,
drom luegid enand bi Cherzeliecht i d'Auge.
Sägid enand: „Ech ha di hald trotzdem gärn,
besch ond bliibsch mi liebschti Schtärn!"

Das Liechtli tued Wärmi ond Geborgeheit schänke.
Es macht ruhig ond verleitet eim zom Nochedänke.
S'Cherzeliecht ond d'Liebi hend e ganz e bsondere Senn,
es liid es onerklärlechs Gheimnis drenn.

Es gmüetlechs Jässli im Altersheim

S'esch weder Jassnomittag im Altersheim,
wie tüend die Öigli glänze!
Kafi-Loz ond Chueche ged's gar gloschtig fein,
die Freud könnt keini Gränze.

Die einte fendid eri Charte schlächt
ond d'Schterne, die werd gronzlet.
Die andere fendid's äbe rächt,
i de Muulegge werd's gschmonzlet.

So nemmt die Jasserei de Lauf
ond of e Tesch werd zönftig ghaue.
Dä wo verlüürt nemmt's hald i Chauf,
s'nöchscht Mol ghört är gwöss zo de Schlaue.

Doch bruuchts vel Glöck hald i dem Schpeel,
das darf mer ned vergässe.
Z'diskutiere ged's drofabe vel,
aschliessend bem feine Chuecheässe.

Christbaumwunder

Bald leuchten sie wieder,
die buntgeschmückten Weihnachtsbäume.
Sie lassen in uns erwachen
längst vergangene Kinderträume.

Ihr Tännchen so liebevoll geschmückt,
manch' traurig Herz ihr so beglückt.
Die Stuben erfüllt ihr mit Glanz und Glimmer,
in manch' Augenpaar spiegelt friedlicher Schimmer.

Im Kerzenschein strahlen Kindergesichtlein hell,
eifrig erzählen sie ihre Gedichtlein schnell.
Das grösste Geschenk das wir unserer Jugend geben:
Mögen die Tannenbäume ewig leben !

Ein neues Jahr

Wie ein Rose
      soll es gedeihen,
mög' viel Freud'
      es uns verleihen.
Doch wird's auch
      Dornen geben,
so ist's nun mal
      im Leben.
Darauf folgen
      Stunden so heiter
und alles geht
      im Zick-Zack weiter.

Es folgen Beispiele für private Gedichte

En Eiertipp zor Hochzyt

Met Eier im Huus, das chan ech euch sääge,
esch mer als Chöchi niemols verlääge.
Seig's zom Choche, Bache oder Broote,
met Eier tued das eifach groote.

A all' die vele Vorteil tuen ech dänke,
drom well ech euch e Chratte vo dem ovale Säge schänke.
Dass euchi Drüü-Minute-Eier i de Decki send grad äbe rächt,
för dä Zwäck esch die Eieruhr ned schlächt.

Eierschiibe send of em Salot ganz fiin ond zart,
drom dä Eierschniider vel Ärger ond Müeh erschpart.
Esch mer einisch schlapp ond hed Bei so schwär wie Blei,
de gniesst mer zäme am beschte es Goniäggli, natürlech us Ei.

Liebs Bruutpaar, hend Sorg zonenand,
grad wie zomene Chratte voll Eier, ond luegid dass nüd verbrecht,
ond dänkid ab ond zue,
a die wärtvolli Eiergschecht.

Menükarte Schwiizerchochi

Gschnätzlets Chalbfleisch noch Zörcher Art
Ankeröschte
Gmües vom Märt

Das tued eim diräkt vergoo of de Zonge,
scho mänge höche Gascht hed devo es Liedli gsonge.

****

Zörcher Rotsherretopf
Broothärdöpfu
Gmües vom Garte

Muesch ned lang schtodiere,
tues doch eifach usprobiere !

****

Lozärner Schwinsbrotworscht anere Zwebelesoose
Bomm-Frit

Hesch of öppis eifachs Loscht,
de esch das s'Rechtige, jo bigoscht.

****

Lozärner Chögelipaschtetli ond Gmüesriis

Das esst mer z'Lozärn,
me hed si eifach emmer gärn.

Chottle im Moscht met Salzhärdöpfu

Guetbörgerlech, s'esch ned z'vergässe,
schmackhaft zuebereitet esch das es Fäschtässe.

****

Älplermagerone met Schpäck ond Zwebeleschweitzi
Dezue frösches Öpfumues

Bodeschtändig ond urchig potz-bletz,
das haut di fascht vom Setz.

****

Schenke-Chäs-Schpätzli

Mmmmhhh – Eifach ond altbewährt
aber ned weniger begährt.

****

Fälchefile noch Lozärner Art
Salzhärdöpfu ond Blattschpinat

Of das Menü tued e Könner tippe,
s'esch diräkt zom Usflippe.

Adresse der Autorin

Heidy Keist
Moosmattstrasse 43
6005 Luzern